Inhalt

Mindestlöhne in Deutschland - Meilenstein oder Trugschluss?

Kernthesen

Beitrag

Fallbeispiele

Weiterführende Literatur

Impressum

GENIOS WirtschaftsWissen Nr. 07/2005 vom 12.07.2005

Mindestlöhne in Deutschland - Meilenstein oder Trugschluss?

I.Lukmann

Kernthesen

- Zur Sicherung deutscher Arbeitsplätze will die Bundesregierung so genannte Mindestlöhne einführen. (3), (4), (12), (13)
- Mindestlöhne sind festgesetzte Lohnuntergrenzen für in Deutschland eingesetzte Mitarbeiter, die für deutsche wie ausländische Arbeitgeber verbindlich sind. (7)
- Allerdings müssen noch einige Voraussetzungen wie etwa bundesweite

Tarifverträge erfüllt werden, um Mindestlöhne in Deutschland verbindlich vorschreiben zu können. (11)

Beitrag

Die Einführung von Mindestlöhnen in Deutschland scheint bereits eine beschlossene Sache zu sein. Dennoch wird aktuell darüber diskutiert, ob die Einführung von Mindestlöhnen die deutsche Konkurrenzfähigkeit gegenüber ausländischen Anbietern nachhaltig stärkt oder letztendlich die Abwanderung deutscher Arbeitsplätze in Billiglohnländer provoziert.

Im Folgenden Artikel werden die in der Diskussion um die Einführung von Mindestlöhnen angeführten Begriffe erläutert und in einen kontextuellen Zusammenhang gebracht. (6), (8)

Tarifliche versus gesetzliche Mindestlöhne

In Deutschland herrscht traditionell Tarifautonomie. Die aktuelle Debatte handelt daher nicht davon, dass künftig Arbeitgebern vom Staat vorgeschrieben wird wie hoch der gesetzliche Mindestlohn zu sein hat. Vielmehr geht es um einen branchenbezogenen Mindestlohn. Dieser wird zwischen den Tarifvertragsparteien einzelner Branchen vereinbart. Inhalt dieser Vereinbarungen sind Stundenlöhne, die in dieser Branche mindestens pro Stunde bezahlt werden müssen. (3), (4), (12), (13)

Tarifliche Mindestlöhne

Arbeitgeber und Gewerkschaften handeln für einzelne Branchen verbindliche Mindestlöhne aus. Diese gelten allerdings nur für tarifgebundene Unternehmen. In seltenen Fällen kann der Staat solche Verträge jedoch für allgemeinverbindlich erklären.

Gesetzliche Mindestlöhne

Der Staat kann einen gesetzlichen Mindestlohn vorgeben. Dieser ist dann für alle Branchen gleichermaßen gültig. Aktuell werden Stundensätze von minimal sieben Euro oder Monatsmindestlöhne von 1 500 Euro diskutiert. (4), (5)

Hintergründe der Debatte um die Einführung von Mindestlöhnen

Dienstleistungsfreiheit

Im europäischen Raum gilt insbesondere auch für alle neu beigetretenen osteuropäischen Staaten die Dienstleistungsfreiheit. Dies bedeutet, dass Selbständige die in Deutschland üblichen Preise deutlich unterbieten können. Da für die neuen EU-Mitgliedsländer die volle Arbeitnehmer-Freizügigkeit noch nicht gilt, wird häufig die Dienstleistungsfreiheit als Ausweg missbraucht. (5)

Entsendegesetz

Seit 1996 gilt in Deutschland das so genannte Entsendegesetz für die Bauwirtschaft. Dieses Gesetz schützt deutsche Bauunternehmen vor billiger anbietenden Konkurrenzunternehmen aus dem Ausland. In der Praxis bedeutet dies, dass in Deutschland tätige ausländische Unternehmen ihren Beschäftigten deutsche Mindesttarife zahlen müssen. Entsprechende Regelungen existieren auch für Maler, Lackierer, Dachdecker sowie für das Abbruch- und

Abwrackgewerbe sowie die Schifffahrt. (5)

Voraussetzungen für eine Umsetzung von Mindestlöhnen

Bestimmte Voraussetzungen müssen erfüllt sein, damit eine Umsetzung von Mindestlöhnen in Deutschland ermöglicht werden kann. Insbesondere drei Anforderungen sollten erfüllt sein: Die Erschließung flächendeckender Tarifverträge, die Kooperation zwischen Arbeitgebern und Gewerkschaften sowie das öffentliche Interesse an der Umsetzung von verbindlichen Mindestlöhnen.

Flächendeckender Tarifvertrag

Um die Verbindlichkeit von deutschen Tarifverträgen für ausländische Arbeitgeber zu erreichen, ist es unumgänglich, dass auch alle deutschen Arbeitgeber an die vertraglichen Inhalte der Tarifverträge gebunden sind. Um dies zu erreichen, sind flächendeckende Tarifverträge notwendig. Arbeitgeber und Gewerkschaften müssen deshalb dementsprechende Vereinbarungen in den Tarifverträgen einfügen oder ergänzen. Diese müssen nicht zwingend einheitliche Mindestlöhne beinhalten, sondern können auch regional (alte und neue Bundesländer) oder nach Ausbildungsgrad (gelernte und ungelernte Kräfte) differenzierte Löhne inkludieren. (1), (10), (11)

Kooperation zwischen Arbeitgebern und Gewerkschaften

Arbeitgeber und Gewerkschaften aus Branchen, in denen bisher nur regionale Tarifverträge existieren, haben die Vorgabe, flächendeckende Tarifverträge zu vereinbaren.

In vielen Branchen wie der chemischen Industrie und dem chemischen Handel, dem privaten Bewachungsgewerbe oder dem Friseurhandel sind bisher vorwiegend Haustarifverträge oder regionale Verträge geschlossen worden.

Außerdem gibt es noch Berufsgruppen und Bereiche, für die bisher keine tariflichen Regelungen getroffen worden sind: Rechtsanwälte, Steuerberater, Notare oder auch Kirchen, Parteien, Verbände und private Gesundheitseinrichtungen.

Bundesweite Verträge existieren dagegen für Banken, Versicherungen, die Druckindustrie oder die

Zeitarbeitsbranche, deren Entlohnungsbedingungen de facto bereits als Mindestlöhne ausgelegt werden. (1), (10)

Öffentliches Interesse

Die Festsetzung von Mindestlöhnen durch das Bundeswirtschaftsministerium kann nur bei entsprechendem öffentlichem Interesse erfolgen. Hierzu ist außerdem ein Antrag mindestens einer Seite, Gewerkschaft oder Arbeitgeberverband, erforderlich. Das öffentliche Interesse wird im Einzelfall geprüft. Anschließend kann per Rechtsverordnung ein Mindestlohn verbindlich für eine Branche festgeschrieben werden. (1)

Fallbeispiele

Die Regelungen im Baugewerbe dienen als Vorlage für die Erweiterung von Mindestlöhnen auf weitere Branchen. Doch die Erfahrungen der Baubranche sind umstritten. So ist nach Ansicht des Zimmerers Michael Wagner, Mitglied der IG Bau, das

Entsendegesetz kritisch zu beurteilen. Ursprünglich war das Gesetz zum Schutz ausländischer Bauarbeiter konzipiert worden. Diese sollten hier nicht unter Wert arbeiten müssen. Tatsächlich nutzen die Unternehmen diese gesetzlichen Regularien heute dazu aus, Löhne nach unten zu drücken, so Wagner. Auch polnische Zimmerer wie Miroslav Machajda wissen, dass es einen gesetzlichen Anspruch auf einen Mindestlohn gibt. Machajda ist über einen polnischen Subunternehmer in Deutschland beschäftigt und erhält häufig nicht den garantierten Mindestlohn. Mit Arbeitsstreiks riskieren Machajda und seine polnischen Kollegen, dass sie durch rumänische oder bulgarische Arbeiternehmer ersetzt werden. Unterstützung bei ihren Protesten erhalten die Zimmerer vom Europäischen Verband der Wanderarbeiter. (7)

Der Blick über die französische Grenze zeigt die Schwierigkeiten einer Umsetzung von Mindestlöhnen auf. Maurer, Präsident des Verbands der Elsässer Spargelbauern, bekräftigt, dass eine Einführung von Mindestlöhnen in Deutschland kaum einen Mehrwert für das Elsass bringen werde. Im Elsass ist, bedingt durch die staatlichen Mindestlöhne, beispielsweise das Spargelstechen deutlich teurer als in Südbaden. In Frankreich gilt ein so genannter SMIC (Salaire minimum interprofessionel de croissance). Das ist ein Mindestlohn, der für alle

Berufsgruppen gleichermaßen gültig ist. Zusätzlich werden pauschal 500 Euro an das Migrationsamt gezahlt, wenn aus dem Ausland Saisonarbeiter für die Ernte eingeführt werden. Diese und weitere vorgeschriebene Personalnebenkosten ruinieren die Konkurrenzfähigkeit des elsässischen Spargels, so Maurer. (9)

Weiterführende Literatur

(1) Entsendegesetz ist kein Freibrief für die Gewerkschaften
aus Frankfurter Allgemeine Zeitung, 29.04.2005, Nr. 99, S. 15

(2) Mindestlohn unsinnig Arbeitsrecht
aus Impulse vom 01.11.2004, Seite 10

(3) Grabitz, Markus, Notbremse Mindestlohn, Stuttgarter Nachrichten, 12.04.2005, S. 2
aus Impulse vom 01.11.2004, Seite 10

(4) O.V., Was ist ein Mindestlohn? Badische Zeitung, 13.04.2005, S. 1
aus Impulse vom 01.11.2004, Seite 10

(5) Mindestlohn ist nicht gleich Mindestlohn ARBEITSMARKT In der Debatte um die Bekämpfung der Dumpinglöhne spielen diese Begriffe eine wichtige Rolle.

aus Hamburger Abendblatt, 13.04.2005, Nr. 85, S. 2

(6) O.V., Pro Mindestlohn im Handwerk, Nassauische Neue Presse, 17.05.2005, S. 21
aus Hamburger Abendblatt, 13.04.2005, Nr. 85, S. 2

(7) Mohr, Katharina / Meyer, Simone, Was bringt der Mindestlohn?, Welt am Sonntag, 17.04.2005, S. 30
aus Hamburger Abendblatt, 13.04.2005, Nr. 85, S. 2

(8) "Protektionismus pur" Die wichtigsten Fragen zum Mindestlohn
aus DIE WELT, 12.04.2005, Nr. 84, S. 3

(9) O.V., Teure Ernte im Elsass - Mindestlohn und externe Anwerbung treiben Preise, Badische Zeitung, 14.05.2005, S. 0
aus DIE WELT, 12.04.2005, Nr. 84, S. 3

(10) Plädoyer für Mindestlohn WSI: Entsendegesetz zu wenig
aus Frankfurter Rundschau v. 12.05.2005, S.9, Ausgabe: S Stadt

(11) Thiede, Ulla, Von einem gesetzlichen Mindestlohn ist noch nicht die Rede, Bonner General-Anzeiger, 04.05.2005, S. 3
aus Frankfurter Rundschau v. 12.05.2005, S.9, Ausgabe: S Stadt

(12) Mindestlohn macht Schule Entsendegesetz vor Ausweitung
aus Frankfurter Rundschau v. 11.05.2005, S.9,

Ausgabe: S Stadt

(13) O.V., Bundesregierung beschließt Erweiterung des Entsendegesetzes, Mindestlohn-Regelung ausgedehnt, LVZ/Leipziger-Volkszeitung, 12.05.2005, S. 2
aus Frankfurter Rundschau v. 11.05.2005, S.9, Ausgabe: S Stadt

(14) ZEW-Chef: Mindestlohn ist «Protektionismus» aus netzeitung.de vom 12.04.2005

Impressum

Mindestlöhne in Deutschland - Meilenstein oder Trugschluss?

Bibliografische Information der deutschen Nationalbibliothek

Die Deutsche Nationalbibliothek verzeichnet diese Publikation in der deutschen Nationalbibliografie; detaillierte bibliografische Daten sind im Internet über http://dnb.d-nb.de abrufbar.

ISBN: 978-3-7379-1606-6

© 2015 GBI-Genios Deutsche Wirtschaftsdatenbank GmbH, Freischützstraße 96, 81927 München, www.genios.de

Alle Rechte vorbehalten. Dieses Werk ist einschließlich aller seiner Teile – z.B. Texte, Tabellen und Grafiken - urheberrechtlich geschützt. Jede Verwertung außerhalb der Grenzen des Urheberrechtsgesetzes bedarf der vorherigen Zustimmung des Verlags. Dies gilt insbesondere auch für auszugsweise Nachdrucke, fotomechanische Vervielfältigungen (Fotokopie/Mikroskopie), Übersetzungen, Auswertungen durch Datenbanken oder ähnliche Einrichtungen und die Einspeicherung und Verarbeitung in elektronischen Systemen.